El maltrato a los Niños Inmigrantes en USA….

Positive Quotes Latinos

Latinos Positivos ante el Cambio…

Nery Román

Copyright © 2018 Nery Roman
All rights reserved.

ISBN-13:
978-1727576658

ISBN-10:
1727576659

Datos sobre los niños. Motivando a los Hispanos.

Lo más probable que pase es que estos niños nunca vuelvan a ver a sus padres. Y que jamás puedan ser feliz. Viviendo sus vidas sin una familia…

Cuando a un niño lo sacas de su familia, de su tranquilidad, le quitas lo más preciado para ellos que es la familia y le quitas la SEGURIDA.

Les estás quitando la vida, y nadie los podrá salvar de sentirse mal, y con problemas serios después de esta brutalidad.

*Los niños necesitan un hogar. HOGAR lo escribo en letras grandes, porque me imagino **que a nadie le gustaría** crecer o estar en una prisión cuando niños, menos a la Trumpeta.*

El hogar es importante para todos los niños, ellos se sienten bien, y saludables en familia. Todo esto es sentido común. Porque sean hispanos no quiere decir que no se merecen la libertad y vivir bien. Este país es un país de inmigrantes.

Eso es un abuso y una gran negligencia de Estados Unidos y de la Trumpeta.

Es un salvajismo inmenso desgarrar a estos niños y sacarlos de un ambiente sano y familiar para que los metan en una cárcel por gusto. Solo por que a Trump le dio la gana, el antojo de

Trump, o el antojo de la Trompeta. Eso es ilegal. Se le nota la poca humanidad y la falta de sabiduría al Trumpetudo.

Es un salvaje en la selva.

El narcisismo es evidente. Estamos regresando a la época de Hitler, y los campamentos NAZI así es como se ven las cosas. Si no nos ponemos las pilas y los pantalones y salimos todos a terminar con este abuso irreparable de los niños.

COME ON.. Hispanos

También, pude que estos niños sean trasladados a otros países de donde no son, y que jamás puedan regresar a sus países.

¿Cuál es el objetivo de hacer tal atrocidad? Resultado, cual. Ninguno, es una pesadilla para los padres y los niños.

Las imágenes de los niños
inmigrantes encerrados en
jaulas tras haber sido
separados de sus padres han
dado la vuelta al mundo.

Obama utilizó las mismas
instalaciones en el 2014,
menores cruzaron la
frontera mexicana sin

papeles ni la compañía de
sus familiares.

Pero esas calabozos no son
más que una protección
pasajera mis amigos.

Tres días después de ser
detenidos por la patrilla de
fronteras, los niños son
transportados a centros de
prisión administrados por
agencias exclusivas del
gobierno de USA.

Allí permanecen hasta que el gobierno les encuentra un pariente en situación regular, una familia de *adopción o un espónsor que se haga cargo de ellos.*

¿Pero qué es eso?... que los pequeños son ABUSADOS delante de todos, y nadie hace NADA.

Los niños pasan por los peores peligros por que USA y la Trumpeta tomo las peores decisiones. **Algunos han hecho denuncias por injusticias** que enfrentan muchos de estos centros.

Hay cerca de un centenar de refugios para niños inmigrantes repartidos en diecisiete estados.

Actualmente hospedan a once mil ochocientos menores. La mayoría llegaron solos a la frontera, pero ahora conviven con los niños separados de sus padres por la política de "tolerancia cero" de la Trompeta que firmó un decreto para complicar y separar a las familias.

Sistema de **BRUTALIDA** no se sabe nada de cómo se reunirán con sus padres.

¿Pero qué es esto? Es una locura. Nosotros, los americanos, somos los que estamos pagando para que mas de 20,000 menores sufran y sean abusados por la Trompeta….

Tejas y California son los estados que son mas usados para estos refugios. Y aun así no tienen espacio para poner a los niños inmigrantes.

A los problemas de hacinamiento en varias instalaciones hay que añadir el historial de abusos que hacen algunos centros.

Abusos:

Los niños están expuestos a: tratamiento médico inadecuado, abusos físicos y sexuales, castigos severos o administración de sedantes y antipsicóticos.

Maltratos generalizados

Traumatizados:

Muchos de los niños llegan a los refugios ya de por sí traumatizados. La separación es una brutalidad

Engañan a los niños diciéndole cualquier tontería y luego los dejan allí. Animales.

<u>**Ataques de Pánico:**</u>
<u>Por supuesto:</u>

Es de esperar que los niños sufran de todo un poco. Muchos seguro que lloran, no pueden dormir, tienen ansiedad, sufren, gritan, y puede ser que algunos también se puedan enfermar de los nervios.
Sufren una retroceso en su desarrollo y algunos dejan de hablar.

También son abusados, verbalmente, aunque sin querer, queriendo, solo con el hecho de que están encarcelados ya es sinónimo de abuso.

Huesos rotos y quemaduras

Algunos nunca salen del campamento. Esto es un problema aterrados. Yo lo tomo muy personal por que es un abuso aquí y en la China. Son unos animales con patas. Un adolescente falleció en el dos mil diez años murió tras ser asfixiada.

<u>Aterrador:</u>

Particularmente aterradora es la situación de los niños internados en Houston. Las noticias y los gobernantes han dicho que le acusan de suministrar potentes ansiolíticos, sedantes y antipsicóticos para drogar a los menores y controlar su comportamiento. Sin el consentimiento de los padres.

Como el Ejército

Algunos refugios parecen regirse por una disciplina militar y deshumanizada.

El maltrato a los Niños Inmigrantes en USA...

El mensaje de la Trompeta es
no vengan a este país ilegal o
le quitaremos a sus hijos...Y
los maltrataremos y lo
abusamos también...

LO que hacen es INMORAL e Ilegal:
Aunque no existe ninguna ley que obligue al gobierno a separar familias en la frontera, si existe quiero verlo con mis propios ojos.

Notas de Compasión para el abuso a los Niños Hispanos….

Motivación para estar unidos y ayudar a los niños.

Love yourself and don't be
afraid to express who you
are ...
¡Sea orgulloso latino!

Amate a ti mismo, y no
tengas miedo de expresar
quién eres...
Orgullo Latino.

Your positive action joint
with positive thinking causes
success…Together Latinos

Tus acciones positivas juntas
con tus pensamientos
positivos llegan al
éxito…Juntos Latinos

Stay positive and
happy...Latinos

Quédate positive y serás
Feliz…Latinos

Each day, I come in with a
positive attitude, trying to
get better… Latinos

Cada día empieza con una
actitud positiva y con ganas
de mejorar… Latinos

"Comienza a vivir, contando
cada día separado, como
una vida independiente."

Seamos fuertes ante la carga
que es una locura y un
abuso. Nery Román

Latinos

La única manera de evitar el
dolor es intentar cualquier
cosa para escapar las garras
del abuso de la Tropeta en
USA.

No tengas miedo a fallar…
así es cómo lo logras.

Además, es sólo realmente el final de tu vida si sigues con fuerzas y no dejas de tratar.

No seamos miedosos, eso es
una emoción destructiva…
Latinos

Personas que no son felices se llenan de un vacío emocional a través de las emociones negativas. Sea positivo… Latino

Se trata de creer en ti Latino,
cuando nadie más lo hace…

Viva la libertad de
expresión. Latino

Da el primer paso, el miedo no te seguirá… Corre a la libertad. Latino

Supera el miedo al fracaso visualizando el peor de los caso. Latino

Cuando somos pensamos en el miedo, negatividades, preocupación, duda, crítica, juicio, ira, frustración, ansiedad, negatividad y otros, no estamos enfocados en lo que queremos.

"¿Cómo vives la vida al
máximo?"

¿Qué has hecho hoy para poder soportar tanto abuso, seguir adelante con más fuerza, ya saldrás de allí, nosotros te ayudaremos, vive la vida al máximo Latino?

Utiliza tus fracasos para aprender de ellos y ser más **FUERTE, Latino…**

SER CREATIVO, SIN TENER
MIEDO A LO QUE DIGAN
LOS DEMAS

Cuando estamos enfocados en lo que no queremos, todo lo que vemos, nuestras ideas y decisiones se basan en lo que no queremos. Ayudemos a los niños a salir adelante; di no al abuso de Trump Latino

Nosotros tenemos la capacidad de imaginar nuevas posibilidades y generar ideas sobre cómo ser y qué hacer o decir en cada momento para que sea una realidad. Latino…

Efecto poderoso, sobrevivir y prosperar… Latino

Cuando nos enfrentamos a la realidad de pérdida del empleo, inmigración, podemos pensar sobre lo que es importante "**nuestras familias,**" latino…

Cuando todos los miembros de su familia están felices, esto contribuye a su éxito individual y a su familia Latino…

La inversión que hacemos
ahora regresa a nosotros con
el doble de bendiciones.

Tenemos una gran tarea
porque somos Latinos…

Mejórate a ti y podrás alcanzar grandeza y prosperar. Latino…

Mantenga un diario de
gratitud…Latino.

Sonríe. Niño… hazme feliz
hoy. Solo soy un niño…
Nery Román

Cuenta tus bendiciones Latino....

Facilitemos una oportunidad a los niños…

Se Feliz...

Mensajes escritos y creados por:

Nery Román

www.ingramcontent.com/pod-product-compliance
Lightning Source LLC
Chambersburg PA
CBHW061730250726
48657CB00002B/863